Ci hè ind'è a manera di ritrattà di Jérome Jouve un prufondu rispettu di a tarra corsa è di i siti messi in valore.
Ellu si ricunnosce, si cunfonde ind'è 'ste loche per scrive issa tamanta puesia muta, una manera di percepisce e cose senza mai mettesi di pettu à a natura cum'è si u ritrattu era u so ansciu è u so rispiru.
L'ochju di l'artistu si lascia guidà perchè a nostra tarra, di maestri ùn hà bisognu per fàssi vede, pare ch'ella sia ella chì scelga quellu chì saparà mettela in valore.
Quì sbaglii un ci ne hè.
Ind'é sta manata di ritratti ci hè u visu di a corsica sculpita è senza artifizii, a corsica ch'è no campemu ogni ghjornu di a nostra vita.
U viaghju hè maio è ci si sente a vuluntà di fà vede 'ssi paissagi di manera particulare è assai precisa è a dimarchja si po parangunà à l'amore.
A spessu l'anima hè tale una donna sminticata è s'addunisce quì u sacratu à u parè per fà a leia intima trà tuttu ciò chì hè vita. Cum'è si una manu suprana avia zuccatu isse loche, cum'è si un ochju si era apartu à u senu di u tempiu di l'eternità per laudalla, perchè a tarra corsa un hè nostra ma simu noi i so figlioli l'eredi di quelli chìi anu fattu chì 'sse loche sianu à tempu belle e armuniose e chè no siamu degni di campacci rispitendule.
Sò fieru di participà a modu meiu à saluta stu travagliu tuttu d'amore è di prufonda cumunione cù a tarra di corsica, un antra manera per mè di scrive issa puesia senza fine di l'omu ch'abbraccia e loche per fà le soie senza rende si ne patrone.

Dédé Nobili

Il y a dans les photographies de Jérôme Jouve un respect profond de la terre de Corse et des sites mis en valeur.
L'artiste se reconnaît et se confond dans ces paysages, pour rédiger par son regard une poésie muette. Il a une façon particulière de percevoir les choses, sans jamais se mettre en avant, comme si la photographie était son souffle, sa respiration.
L'œil de l'artiste se laisse guider, car notre terre n'a pas besoin de maître pour la dominer, et l'on dirait que c'est elle qui choisit celui qui saura la valoriser.
Ici il n'y a point d'erreur.
Parmi ce bouquet de photographies, on retrouve la Corse éternelle, sans artifices, la Corse telle que nous la voyons, la vivons chaque jour de notre vie. Ce pari est immense. La pertinence, la force du regard de l'artiste pour nous faire découvrir ces paysages de façon aussi intime devient comparable à de l'amour.
Souvent l'âme ressemble à une femme oubliée, et ici se réunissent le sacré et le paraître pour créer le lien intime de tout ce qui fait la vie.
Une main supérieure semble avoir façonné ces paysages comme si un œil avait jeté son regard au sein du temple de l'éternité pour lui rendre hommage. La terre corse ne nous appartient pas. Nous sommes tous ses enfants, les héritiers de ceux qui ont tout donné pour que cet endroit reste beau, et que nous soyons dignes de le recevoir en héritage et d'y vivre.
Je suis fier de participer à ma façon à saluer ce travail fait d'amour et de profonde communion avec la Corse. Une autre façon d'écrire cette poésie sans fin d'un homme qui étreint les sites qu'il photographie pour les faire siens sans jamais vouloir les posséder.

Dédé Nobili

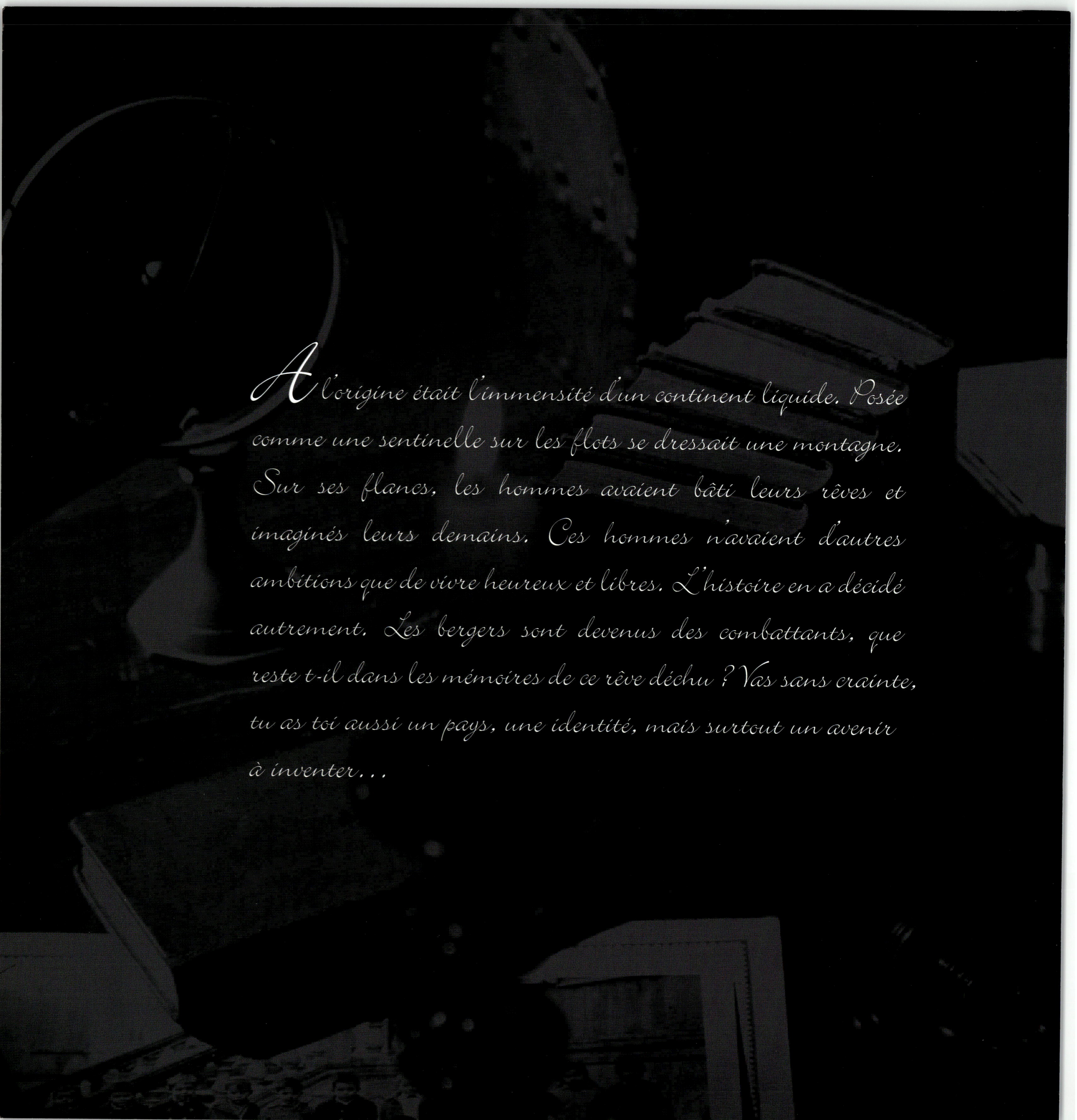

A l'origine était l'immensité d'un continent liquide. Posée comme une sentinelle sur les flots se dressait une montagne. Sur ses flancs, les hommes avaient bâti leurs rêves et imaginés leurs demains. Ces hommes n'avaient d'autres ambitions que de vivre heureux et libres. L'histoire en a décidé autrement. Les bergers sont devenus des combattants, que reste t-il dans les mémoires de ce rêve déchu ? Vas sans crainte, tu as toi aussi un pays, une identité, mais surtout un avenir à inventer...

La Corse possède 1024 km de côtes.

L'emplacement de l'actuelle marine de Pietracorbara, qui offre une jolie plage de sable blanc, s'élevait autrefois la ville d'Ampuglia. Elle fut entièrement détruite par un raz-de-marée.

Le granite rose des roches de l'archipel a donné son nom à la ville : Isula Rossa ou l'Ile-Rousse.

Le port de Centuri a servi de plaque tournante pour l'exportation du vin, du bois, de l'huile et des agrumes à destination de la France et de l'Italie. C'était le port de relâche des pirates barbaresques. Aujourd'hui, c'est le premier port de pêche du Cap.

Le golfe de Porto est classé Patrimoine mondial de l'Humanité par l'Unesco.

Autour de l'île, les fonds marins atteignent rapidement une profondeur de 1000 mètres à l'est et de 3500 mètres à l'ouest.

Seulement 6 km séparent les sommets atteignant 1300 m d'altitude du littoral.

Comme tous les étangs de Corse, une cinquantaine au total dont quatre d'importance, l'étang d'Urbino est constitué d'eau salée.

On a recensé autour de la Corse 255 spécimens de l'espèce des grands dauphins. Ils communiquent entre eux par un vrai langage et utilisent 2000 sons différents. Et tout comme les êtres humains, ils possèdent un « accent » quand ils communiquent.

Réserve naturelle d'une centaine d'îlots, les Îles Lavezzi se situent au point le plus méridional de la Corse, et donc du territoire européen de France.

Le bassin méditerranéen couvre trois millions de km ?

Barcaggio est le village le plus au nord du Cap Corse. Il possède une très jolie plage de sable blanc, ce qui est assez rare dans le Cap.

Le soir du jeudi saint, une procession rejoint le monastère des bénédictines qui domine le village d'Erbalunga. Les hommes portent une croix de 40 kg, tandis que les femmes supportent une croix de 20 kg.

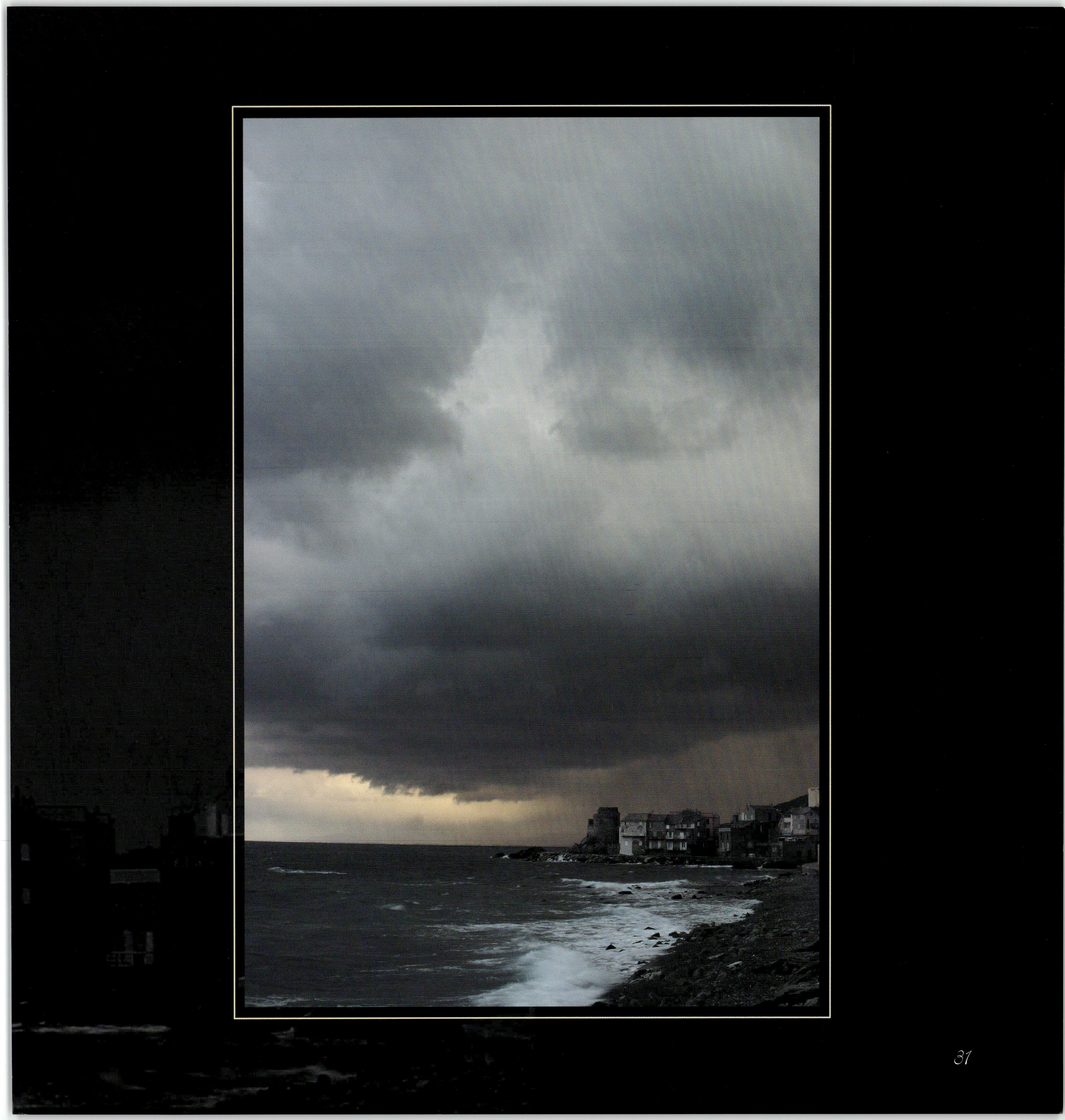

Dans la tour de Nonza, en 1768, le capitaine Casella y tint un siège héroïque contre les 1 200 Français de l'armée d'occupation de Marbeuf. Boiteux et seul, il confectionna un système de cordes attachées à des fusils qui lui permit de faire croire à la présence d'une garnison tout entière. Il se rendit avec bravoure et les Français, stupéfaits de découvrir qu'il était seul, le raccompagnèrent avec les honneurs.

Le réseau ferroviaire de la Micheline comporte 32 tunnels, 76 viaducs et 83 passages à niveau. A 906 mètres d'altitude, la gare de Vizzavona constitue le point culminant du réseau. Le tunnel de Vizzavona (3 916 mètres) est le plus long du réseau, et d'Europe en voie métrique. Il aura fallu 7 ans pour le percer. La réalisation de la ligne centrale aura duré environ 40 années, de 1855 à 1894. Les 230 km à voie unique et métrique actuellement en service constituent à plus d'un titre la liaison ferroviaire la plus « pittoresque » d'Europe.

La mer Méditerranée est considérée comme l'une des mers les plus calmes au monde. Pourtant les vents peuvent souffler à plus de 220 km/h et des vagues de 12 mètres arrivent à se former en quelques minutes.

Les tours, toutes visibles les unes des autres, servaient à donner l'alerte en cas d'invasions barbares. En moins d'une heure, les signaux avaient fait le tour de l'île.

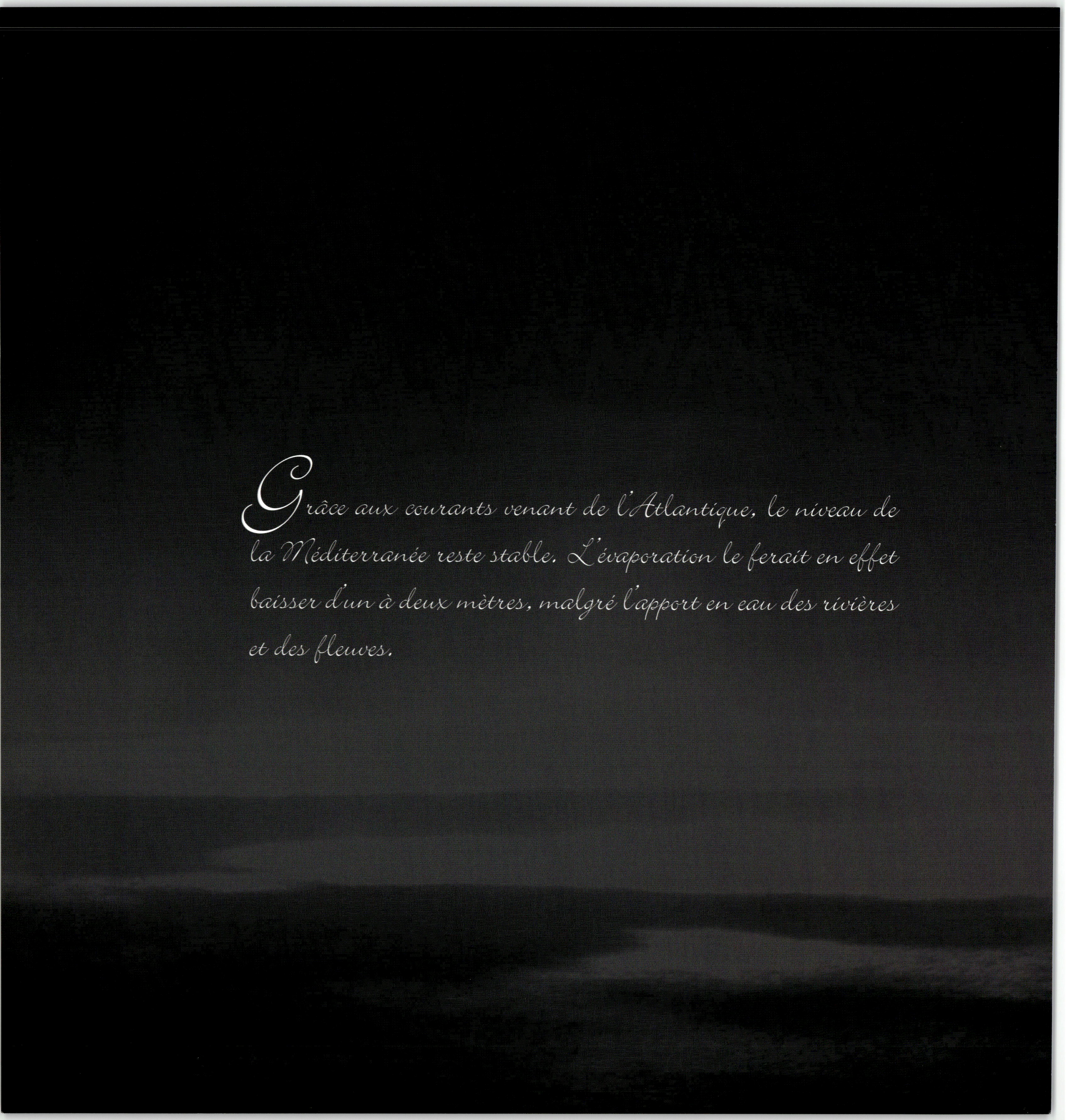

Grâce aux courants venant de l'Atlantique, le niveau de la Méditerranée reste stable. L'évaporation le ferait en effet baisser d'un à deux mètres, malgré l'apport en eau des rivières et des fleuves.

Selon les saisons, jusqu'à 127 espèces d'oiseaux sont présentes sur l'étang de Biguglia. On y croise de nombreux oiseaux rares tels que le grand cormoran, le héron pourpré, le flamant rose, etc. Situé sur l'axe migratoire Europe/Afrique, il représente une étape essentielle pour tous les passionnés de faune aviculaire.

On recense en Corse 150 espèces de poissons environ, et jusqu'à 243 dans la réserve Scandola.

Une première disparition de la Méditerranée il y a 20 000 ans a engendré la formation d'une couche de sel de 1 000 mètres d'épaisseur sous les fonds marins actuels.

La Paghjella n'existe nulle part ailleurs qu'en Corse. Réunissant toujours au moins trois voix, elle est souvent chantée a cappella. Mais elle peut aussi être accompagnée du Cistre (instrument à huit cordes sur le principe de la guitare), de la flûte ou de l'accordéon.

L'année 2003 : 700 départs de feu ont été recensés en Corse, ils ont détruit plus de 36 000 hectares de maquis en 3 mois. Deux personnes y ont trouvé la mort, 228 ont été blessées, on déplore également 14 maisons détruites par les flammes et une faune et une flore endémique complètement dévastées. A ce rythme, dans 35 ans, il n'y aura plus aucune forêt en Corse.

Saleccia a connu une réelle activité, bien que furtive, les 1er et 2 juillet 1943, lorsque le sous-marin *Casabianca* débarqua 13 tonnes d'armes et de munitions destinées à la Résistance corse.

Le golfe d'Ajaccio est large de 17 km. Il possède une fosse sous-marine de 1 000 mètres de profondeur abritant des requins de grands fonds.

*Algajola est une ancienne carrière de granit porphyrique.
C'est ce granit qu'on utilisa en 1810 pour le socle de la colonne
Vendôme à Paris.*

« Le soleil a tant fait l'amour à la mer qu'ils ont enfanté la Corse », A. de Saint-Exupéry.

C'est la nature même de la roche - du porphyre d'une couleur particulièrement pure - qui donne cette lumière rougeoyante aux Calanques de Piana.

Pour protéger la ville, les Génois érigèrent au quinzième siècle une bastiglia (bastille) sur le promontoire rocheux du port. Elle donnera son nom à la ville de Bastia.

« Le grenier à blé de Gênes », tel était jadis le surnom du désert des Agriates.

Certains établissent un lien entre la culture du châtaignier et une tendance présumée des Corses à la paresse : le châtaignier serait « immoral » car il fournit des fruits sans travail...

En 1380, le gouverneur génois choisit la marine de Cardo (crique de « Terra Vecchia ») pour établir une cité proche de Gênes. Ce port naturel, protégé par un rocher, était aisément défendable.

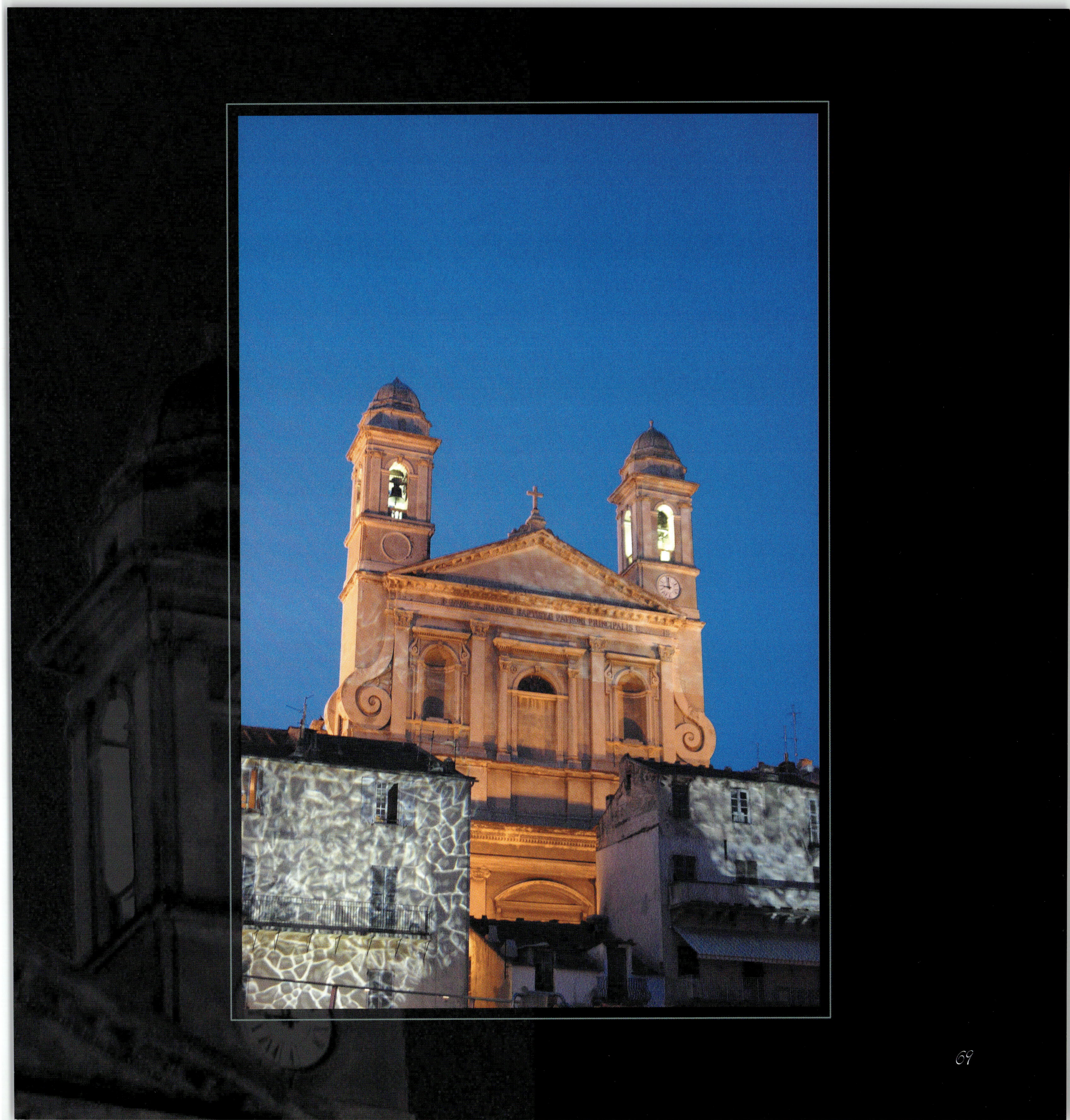

Selon la légende, une terrible vendetta opposait deux seigneurs. Dieu, excédé, envoya un serpent géant, la biscia, précisant que le seul moyen de le tuer était de laisser revenir la paix et l'amour. Les seigneurs refusant de renoncer à leur guerre, le monstre prélevait chaque jour de nouvelles victimes. L'un après l'autre, les seigneurs combattirent le serpent sur la plage d'Ostriconi. L'un après l'autre, ils disparurent, happés par la gueule géante. Mais Dieu ne permit jamais que cette terre arrosée de sang soit autre chose qu'un désert humain.

Il faut environ 15 ans pour obtenir une 1ère récolte, après avoir soigné, greffé et protégé le jeune châtaignier. Des familles entières passent leurs journées courbées à ramasser les bogues.

La Corse assurera sa défense en érigeant 110 tours encerclant l'île en un peu moins d'un siècle. Il en reste aujourd'hui 67.

En 1735, la Corse adoptait l'Hymne de la Vierge, le « Dio vi salvi regine », et choisissait pour fête nationale le jour de l'Immaculée Conception (le 8 décembre).

Classé Patrimoine mondial de l'Humanité par l'Unesco, Filitosa représente l'un des plus grands sites mégalithiques d'Europe. Il offre une véritable synthèse des différentes époques de la Préhistoire corse, de 6 000 av. J.C à 1 800 av. J.C.

Pancheraccia est le Lourdes corse. Au dix-huitième siècle, la vierge y apparut à une fillette égarée, devenue depuis la protectrice et l'héroïne du village.

Ajaccio détient le record de France d'ensoleillement avec près de 2 900 heures par an.

Chaque village est protégé par son saint patron. Le Corse, elle-même, est dite « Terre de Saint Pierre ». Elle est placée sous la protection des Papes depuis le neuvième siècle.

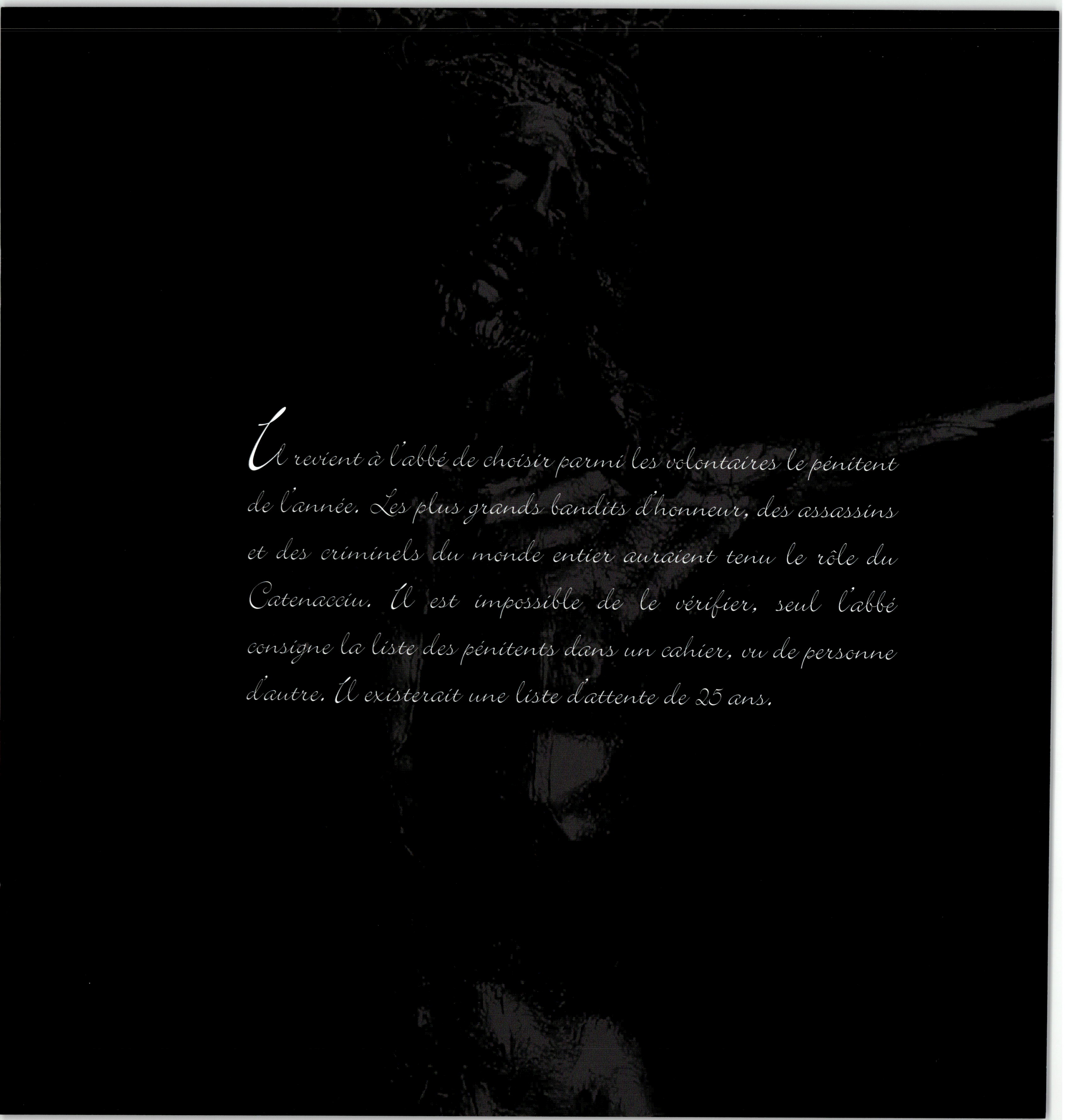

Il revient à l'abbé de choisir parmi les volontaires le pénitent de l'année. Les plus grands bandits d'honneur, des assassins et des criminels du monde entier auraient tenu le rôle du Catenacciu. Il est impossible de le vérifier, seul l'abbé consigne la liste des pénitents dans un cahier, vu de personne d'autre. Il existerait une liste d'attente de 25 ans.

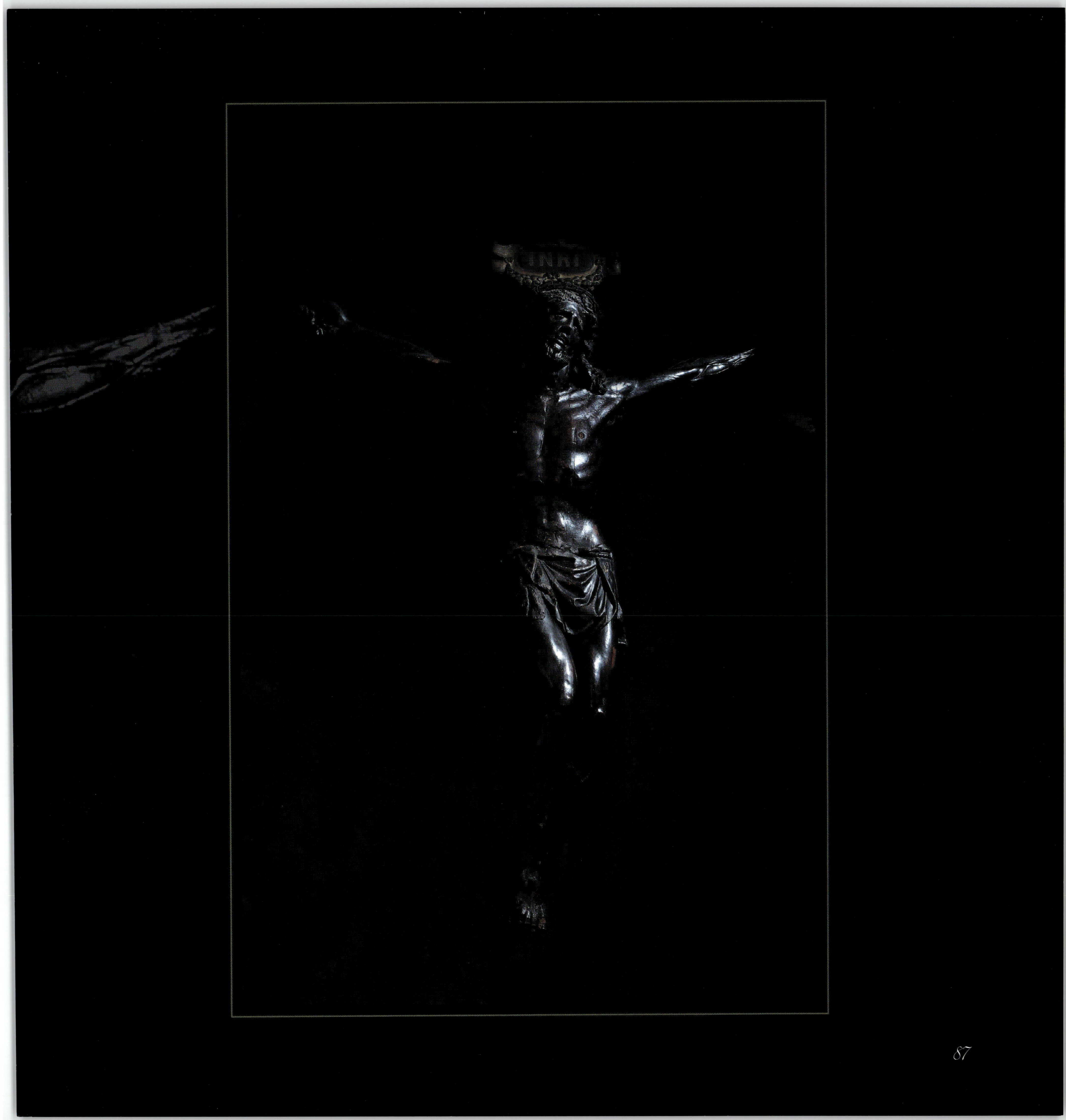
INRI

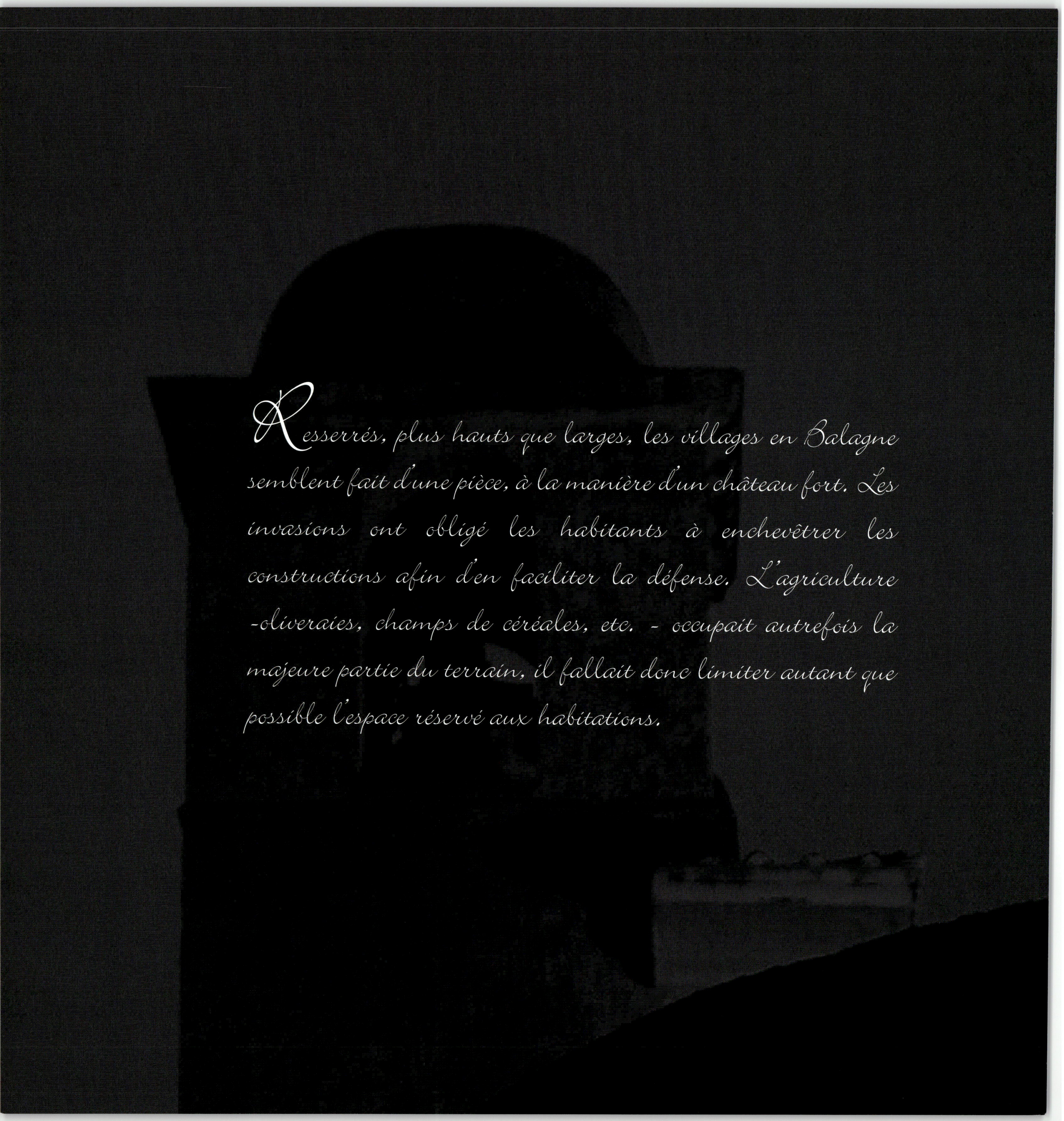

Resserrés, plus hauts que larges, les villages en Balagne semblent fait d'une pièce, à la manière d'un château fort. Les invasions ont obligé les habitants à enchevêtrer les constructions afin d'en faciliter la défense. L'agriculture -oliveraies, champs de céréales, etc. - occupait autrefois la majeure partie du terrain, il fallait donc limiter autant que possible l'espace réservé aux habitations.

Il faut 100 ans à une forêt pour effacer les séquelles d'un incendie. En Corse, une même parcelle brûle en moyenne tous les 10 ans. Pour un hectare détruit par les flammes, 300 oiseaux et 400 mammifères vont disparaître.

Le célèbre patriote corse Pascal Paoli est né à Morosaglia. Six localités des Etats-Unis portent son nom. Il élabora une constitution, écrite entre autre par Rousseau, qui servit de base à la constitution américaine.

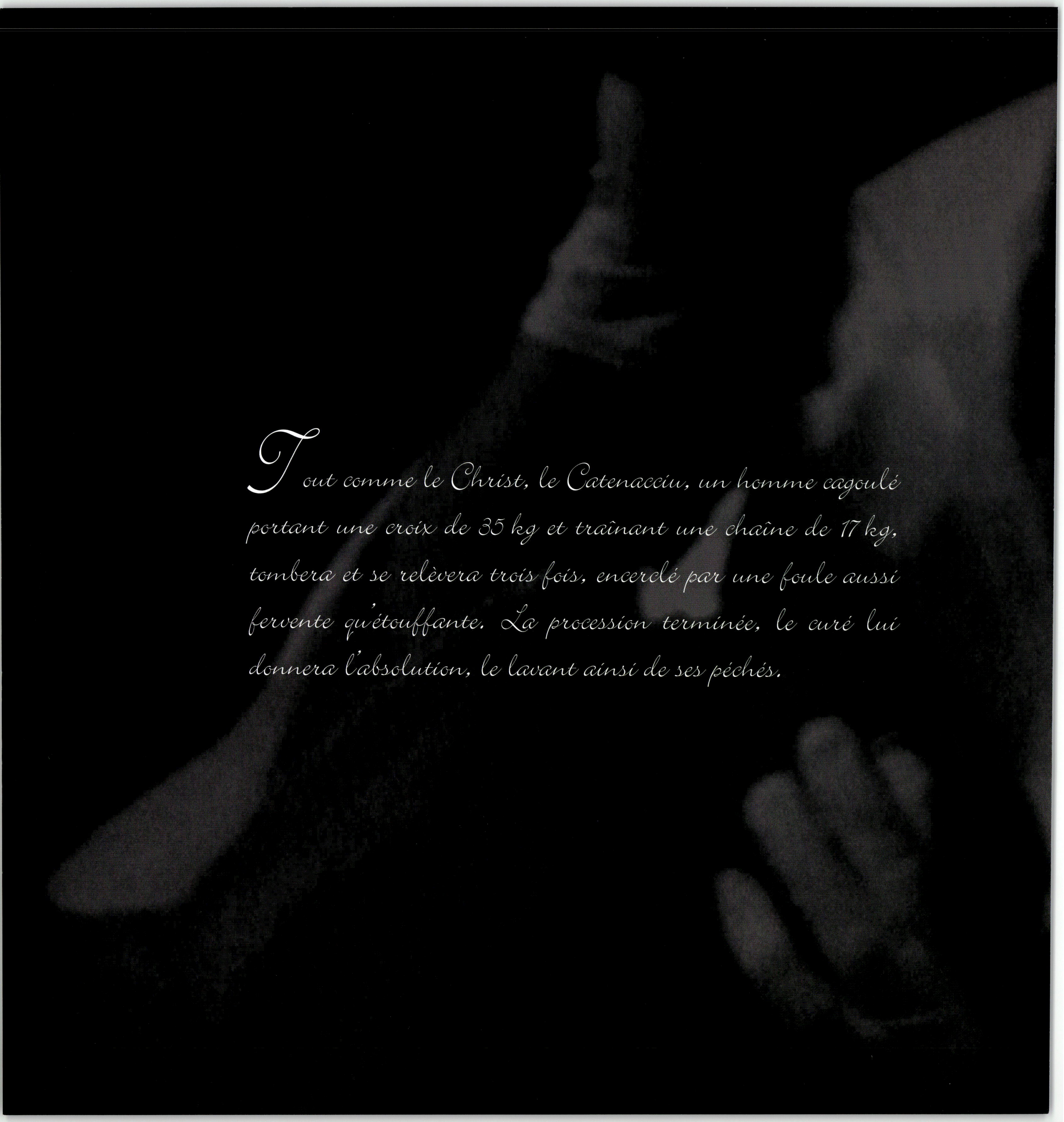

Tout comme le Christ, le Catenacciu, un homme cagoulé portant une croix de 35 kg et traînant une chaîne de 17 kg, tombera et se relèvera trois fois, encerclé par une foule aussi fervente qu'étouffante. La procession terminée, le curé lui donnera l'absolution, le lavant ainsi de ses péchés.

Le plateau calcaire sur lequel se perche la vieille ville de Bonifacio présente de magnifiques falaises blanches, hautes de plus de 80 mètres.

L'olive et l'olivier sont complètement liés à la tradition corse. De récentes découvertes archéologiques dans le Nebbio montrent que cet arbre fait partie de la flore spontanée de l'île, comme le myrte, le pin laricio et le maquis. Bon nombre des oliviers que vous verrez en Corse ont donc, au minimum, quelque 500 ans. Dans le Sud, beaucoup d'entre eux ont même dépassé leur second millénaire d'existence.

Le maquis couvre près de 20 % de la superficie de l'île.

Le 15 mai 1768, le Traité de Versailles était signé. Gênes, ruinée, vend la Corse, état indépendant, et ses habitants à la France. « Il reste à savoir si les hommes ont le droit de vendre d'autre hommes », Voltaire.

L'abeille corse, un insecte protégé, est d'une espèce particulière, la mellifera, écotype Corsica. Les apiculteurs n'ont pas le droit d'en introduire une autre espèce. Cette abeille à la langue longue a la particularité de travailler toute l'année.

Le Libeccio vient du sud-ouest, le Ponente de l'ouest, le Grecale du nord-est et la Tramontane du nord. Le sirocco est un vent chaud et humide.

Composée de pins laricio et de hêtres, la forêt de Vizzavona a une superficie totale de 1 500 hectares.

Gustave Eiffel réalisa le viaduc du Vecchio, établissant ainsi un double record : le record de la longueur de la traverse principale (52 mètres) et celui de la hauteur des piles (80 mètres). Il n'aura fallu que deux ans pour le construire.

Avec plus de 258 mégalithes alignés sur sept rangées,
Palaju est le plus grand site de ce genre en Méditerranée.

Le record de précipitation est de 900 mm d'eau en 36 heures, soit 900 litres d'eau au mètre carré. La température moyenne de l'île est de 12° C, celle des côtes variant de 14,7° C à 16,6° C.

Le Cap Corse fut la grande région viticole de l'île, au dix-huitième siècle la vigne était partout.

En Castagniccia, sur les hauteurs de Francardo, on a découvert des traces de pollen de châtaigniers de plus de 20 millions d'années.

La cascade du Voile de la Mariée est une impressionnante chute d'eau de plus de 80 mètres de hauteur est la plus haute cascade connue du grand public. Une pierre datée de l'Age de Fer fut découverte sur le site en 1960. Elle porte gravé le symbole du soleil.

Le nombre de jours de pluie dans l'année est faible (95 jours à Ajaccio), mais l'île reçoit environ 900 mm d'eau par an, moyenne supérieure à celle du Midi de la France.

A Aregno, l'église de la Trinité et de San Giovanni est l'une des plus anciennes de l'île. Elle a été classée par les monuments historiques dès 1883.

Depuis l'antiquité, les eaux d'Orezza soignent les cas d'anémie, certains troubles du système nerveux et les affections du foie et des reins. Elles sont reconnues d'intérêt public par un décret impérial de 1866.

En Castagniccia la châtaigne servait de troc dans les échanges économiques avec la Balagne (contre l'huile d'olive) et le Sartenais (contre le fromage).

Avec plus de 340 mètres de hauteur, Capu Rossu est la deuxième falaise maritime de France.

Dans le défilé du Lancone, les torrents ont fendus les roches métamorphiques en gorges étroites et profondes.

Dans le défilé du Lancone et la haute corniche du Golo on trouve une roche, connue sous le nom de « vert de Corse », pierre ornementale très prisée qui contient de splendides cristaux vert jade.

En été, se crée un écran thermique appelé « Thermocline ». Ce phénomène empêche le brassage de l'eau dont la température peut atteindre 38° à 39° C.

L'appellation de la Cascade des Anglais date du début du siècle, lorsque les Anglais, las de la Côte d'Azur, se lancèrent dans l'exploration de contrées plus sauvages.

Présente de tous temps sur l'île, la sittelle corse vit dans les pins laricio. Elle a la particularité de descendre le long des troncs la tête en bas.

A Bavella le pic le plus élevé en est la Punta Alta, haut de 1855 mètres.

La tradition rapporte que la Santa di u Niolu, réputée miraculeuse, fut convoitée par plusieurs couvents après que celui qui l'abritait ne fût détruit. Le désaccord persistant. Il fut décidé d'installer la statue de la Santa sur une mule et de la vénérer là où l'animal s'arrêterait. Le village de Casamaccioli reçut ce privilège.

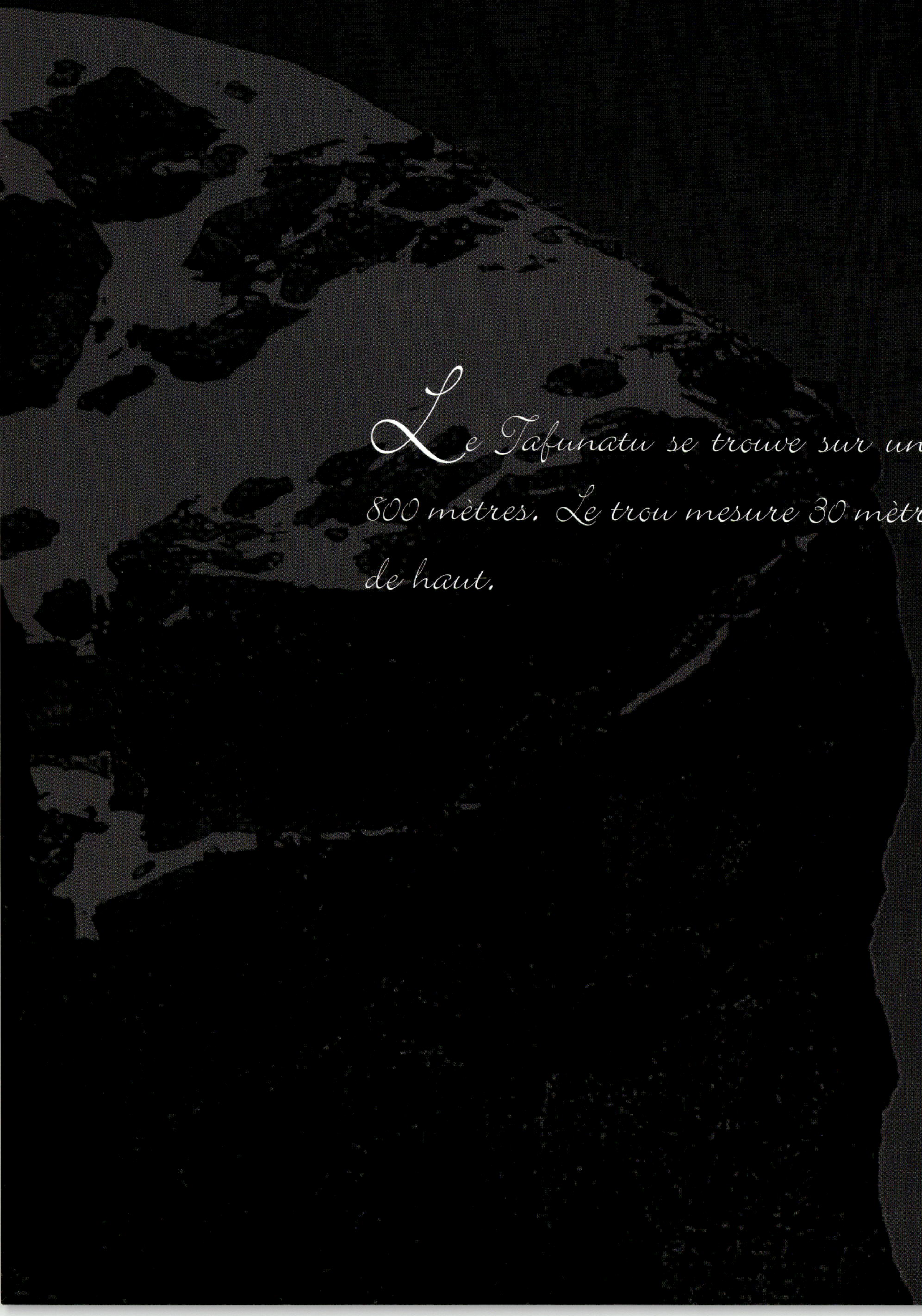

Le Tafunatu se trouve sur une falaise haute de 700 à 800 mètres. Le trou mesure 30 mètres de long pour 12 mètres de haut.

La Scala est en réalité un sombre défilé de granite. Son nom lui vient de sa configuration en forme d'escalier taillé dans les murailles qui enserrent la rivière du Golo. Ce sont des gorges vertigineuses dont la roche contient des myriades d'animaux fabuleux saisis par la nature.

Le terme un peu ironique de « pinzuttu » (pointu) vient peut-être d'une allusion aux chapeaux tricornes que portaient les soldats de Louis XV envoyés en Corse en 1764.

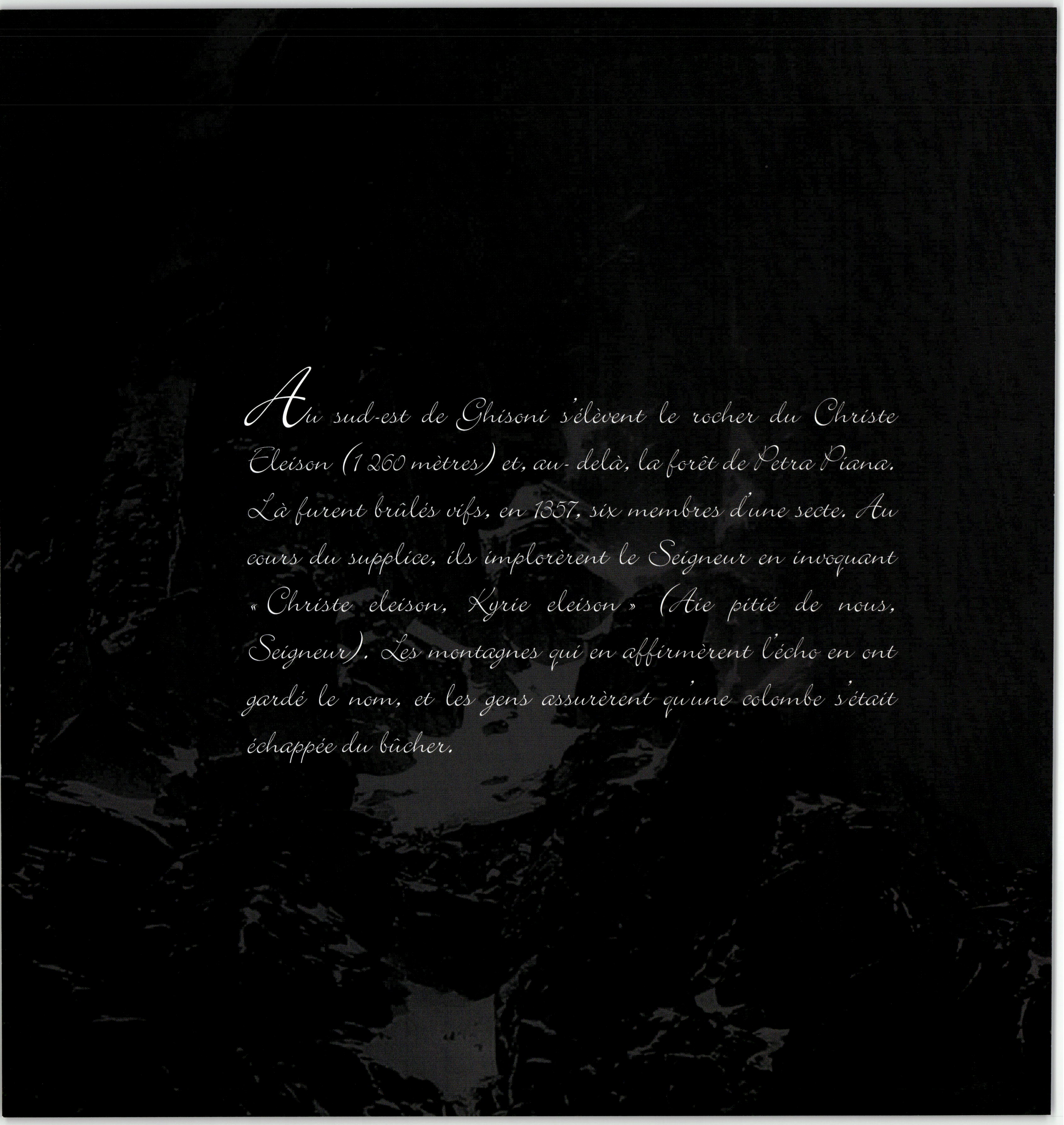

Au sud-est de Ghisoni s'élèvent le rocher du Christe Eleison (1 260 mètres) et, au-delà, la forêt de Petra Piana. Là furent brûlés vifs, en 1357, six membres d'une secte. Au cours du supplice, ils implorèrent le Seigneur en invoquant « Christe eleison, Kyrie eleison » (Aie pitié de nous, Seigneur). Les montagnes qui en affirmèrent l'écho en ont gardé le nom, et les gens assurèrent qu'une colombe s'était échappée du bûcher.

Pour rapporter à l'Empereur, en exil à l'Île d'Elbe, des huîtres de l'étang de Diana, le capitaine Pontier devait faire la traversée deux fois par semaine. Ces voyages répétés permettaient en outre à Napoléon de se tenir informé de la situation en France.

Le point le plus élevé de la vallée de la Restonica culmine à plus de 1000 mètres d'altitude.

La Corse compte 25 lacs dont le plus profond, le Capitello (42 mètres), se trouve à 1930 mètres d'altitude.

La flore Corse est constituée de 2 092 espèces, parmi lesquelles 296 espèces endémiques dont 131 uniques au monde.

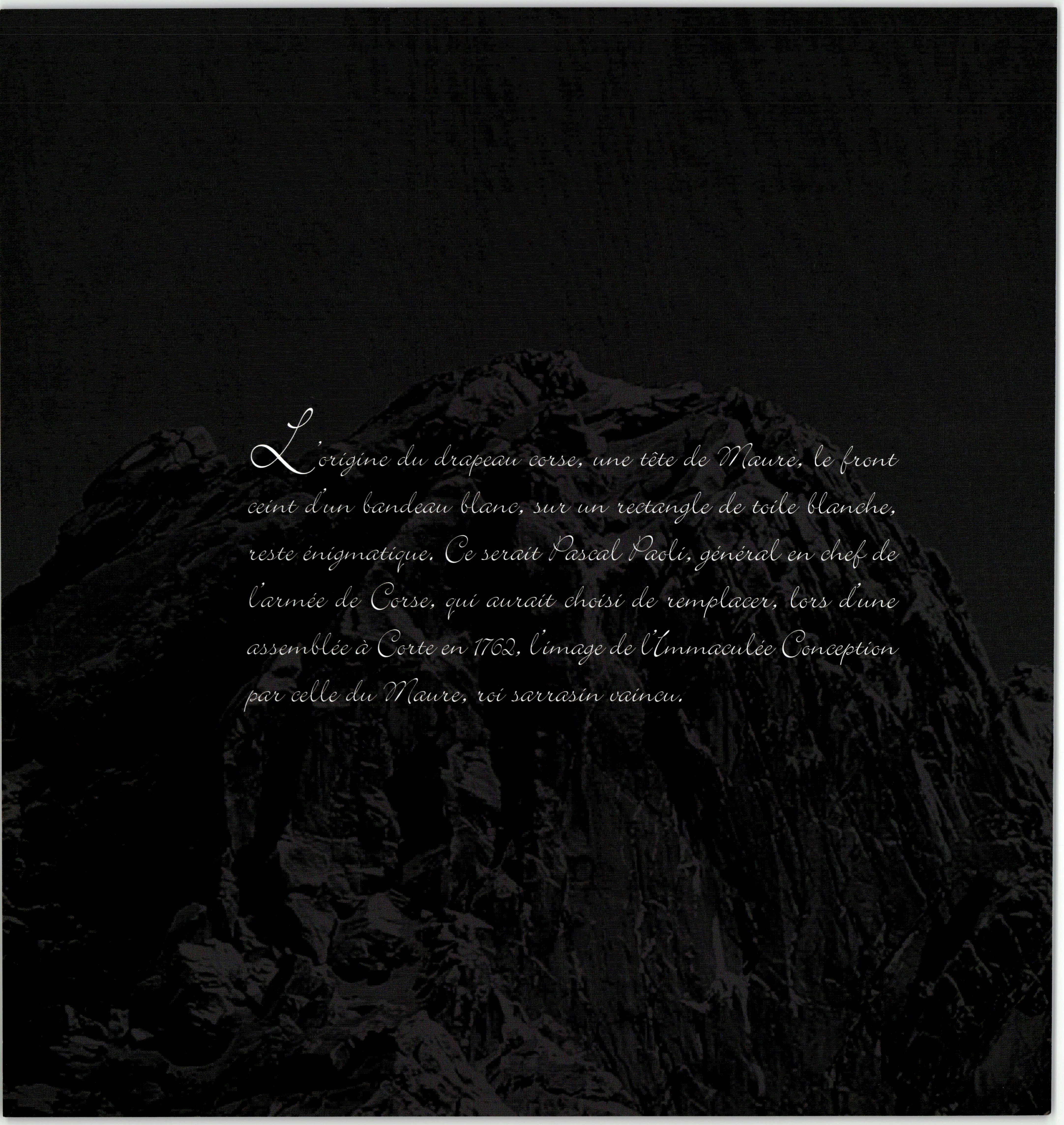

L'origine du drapeau corse, une tête de Maure, le front ceint d'un bandeau blanc, sur un rectangle de toile blanche, reste énigmatique. Ce serait Pascal Paoli, général en chef de l'armée de Corse, qui aurait choisi de remplacer, lors d'une assemblée à Corte en 1762, l'image de l'Immaculée Conception par celle du Maure, roi sarrasin vaincu.

La diorite orbiculaire est une roche unique au monde. Napoléon en faisait garder le gisement par l'armée. Pillé il y a 20 ans, il est depuis fermé.

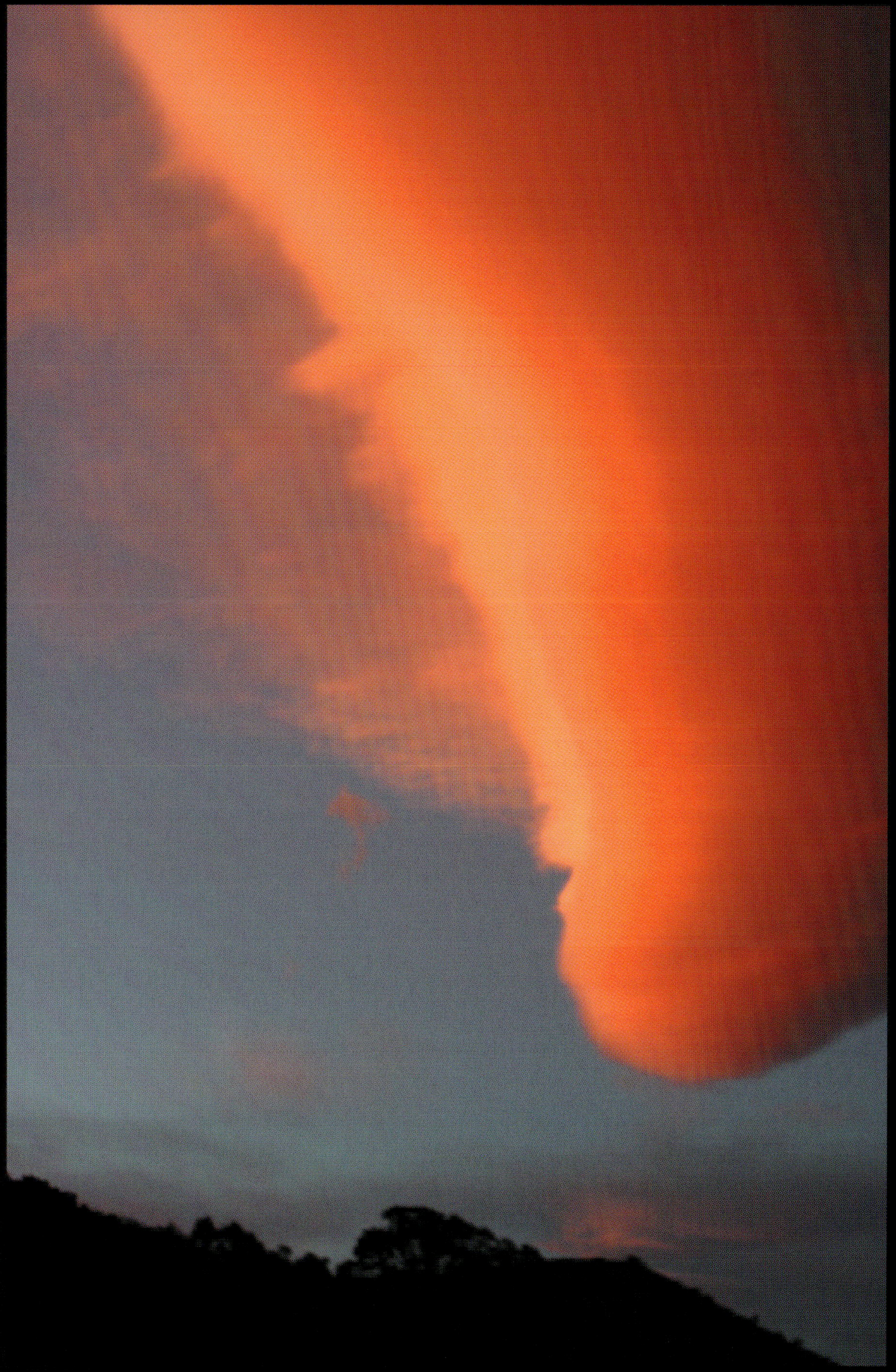

La malaria éprouva longtemps les populations qui tentèrent de coloniser la plaine orientale. Les Américains, en débarquant dans l'île en 1943, déversèrent sur la côte orientale des tonnes de DDT mélangé à du pétrole. Si l'environnement en fut sérieusement affecté, les moustiques, agents de la contagion, désertèrent définitivement les lieux.

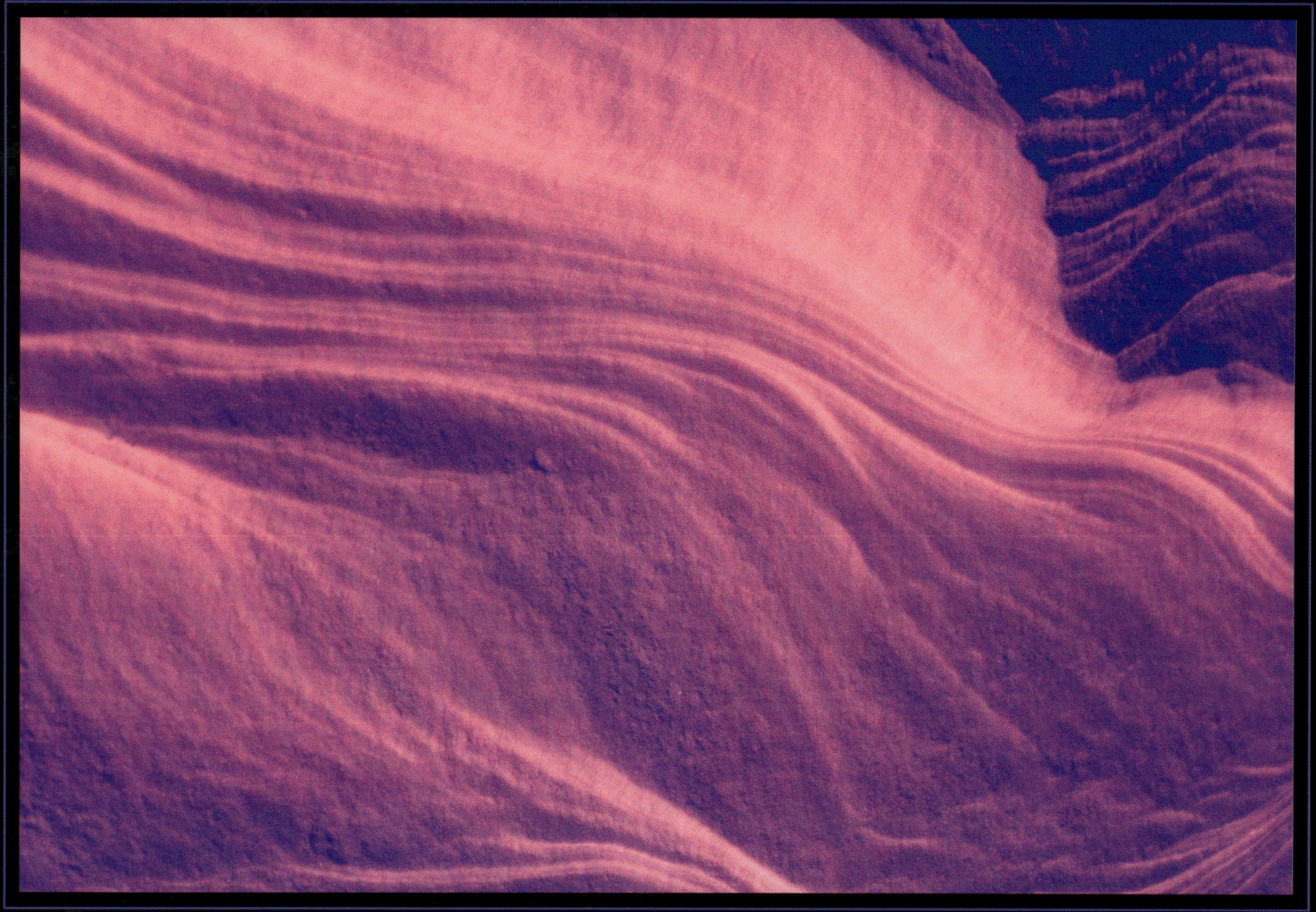

Les amateurs d'histoire admireront Place Padoue la statue de ce noble général la sculpture est l'œuvre de Bartholdi, plus connu pour avoir érigé la Statue de la Liberté à New York.

La forêt de Bavella s'étend sur 930 hectares. Sa majesté l'aigle royal habite entre autres les Aiguilles.

Le Monte Cinto est le plus haut sommet de l'île (2706 mètres). Il est la conséquence d'une éruption volcanique.

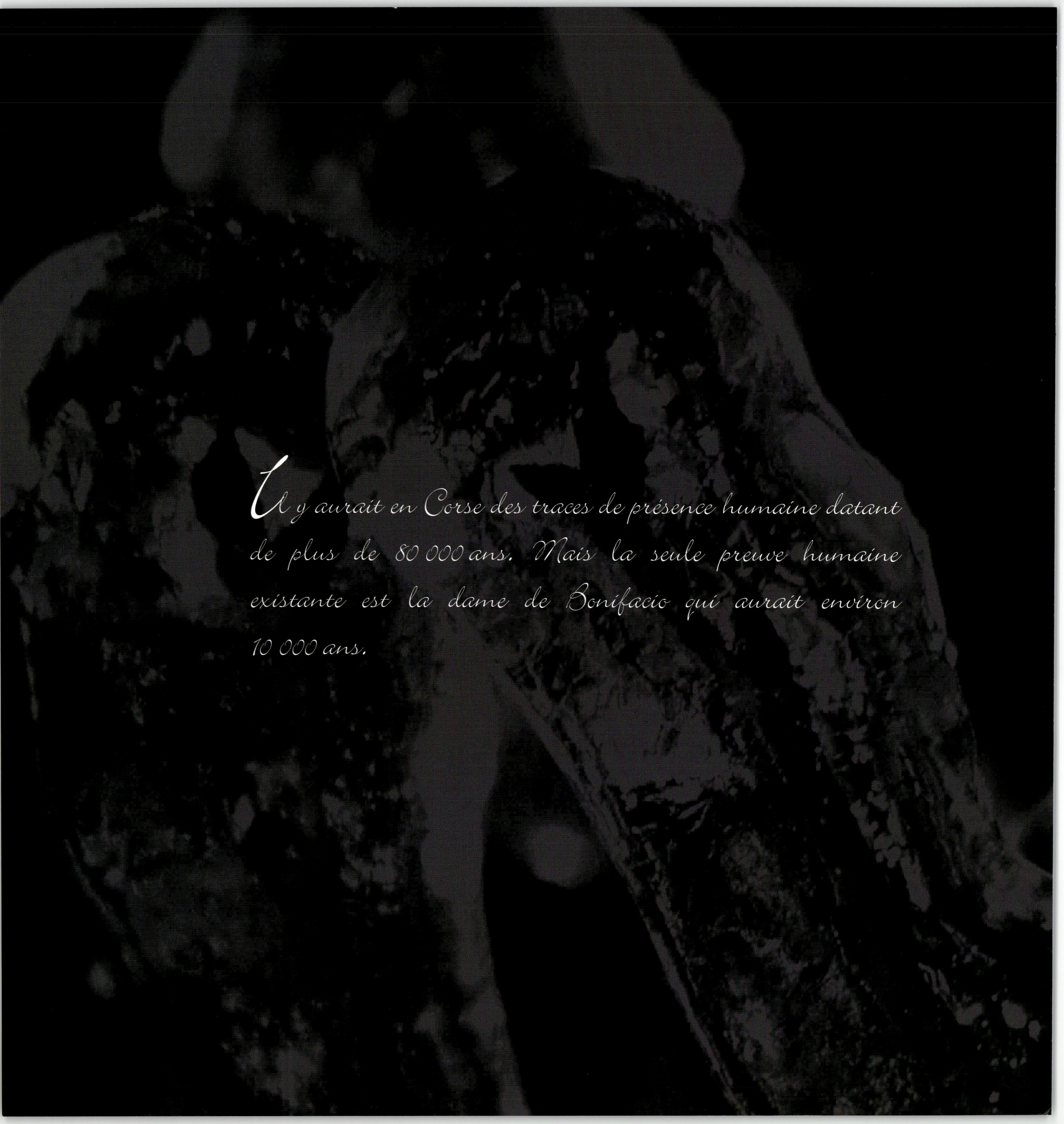

Il y aurait en Corse des traces de présence humaine datant de plus de 80 000 ans. Mais la seule preuve humaine existante est la dame de Bonifacio qui aurait environ 10 000 ans.

Une dorsale, d'une centaine de bassins, coupe l'île en deux et traverse quinze sommets culminant à plus de 2 500 mètres.

Fait rarissime en Corse, le Névé de Busso est un véritable petit glacier dont les neiges perdurent, même pendant l'été. Il est dû à l'accumulation des avalanches d'hiver et de printemps qui s'entassent dans cet étroit couloir rocheux. L'épaisseur de la neige atteint une trentaine de mètres.

Seul mouton sauvage d'Europe, le mouflon se réfugie dans les montagnes.

Pour fêter la Saint-Jean, on apportait autrefois du bois au sommet du Mont San Pedrone. Le feu était aperçu depuis le large.

La Corse est la plus montagneuse, la plus élevée, la plus verte et la plus riche en eau des îles de la Méditerranée.

Le Lac de Creno, appelé également « Lac du Diable », est situé dans une forêt de pins laricio. Ses eaux noires se recouvrent de nénuphars à fleurs roses ou blanches de mai à octobre. Ces plantes ne poussent nulle part ailleurs sur l'île.

La vallée d'Asco a su préservé une faune aujourd'hui protégée. Le gypaète barbu mesure plus d'un mètre pour une envergure de trois mètres et sa vitesse de pointe en piqué peut atteindre les 100 km/h. Ce grand vautour appelé « altore » en Corse (signifiant « celui qui habite les hauteurs ») fait partie des espèces menacées d'Europe. Décimé par la chasse il peuplait, tout comme l'aigle royal, les massifs montagneux peu fréquentés. Il ne reste plus aujourd'hui que huit couples en Corse.

On entre dans le domaine du célèbre pin laricio, dont la Corse est la patrie quasi exclusive. Le pin laricio à un tronc immense et parfaitement rectiligne, il dépasse souvent les 40 mètres de hauteur. A l'époque les génois s'en servaient pour la construction des mâts de bateaux.

Les cafetiers ajacciens faisaient venir spécialement la glace du Névé de Bossu.

La Corse compte 120 sommets de plus de 2 000 mètres.

Le plus grand lac de Corse, le Rotondo, couvre 7,5 hectares.

Il n'existe aucun sommet de la Corse à plus de 40 km du littoral.

On trouve dans les « pozzine » des lacs, du pollen datant de plus de 15 000 ans.

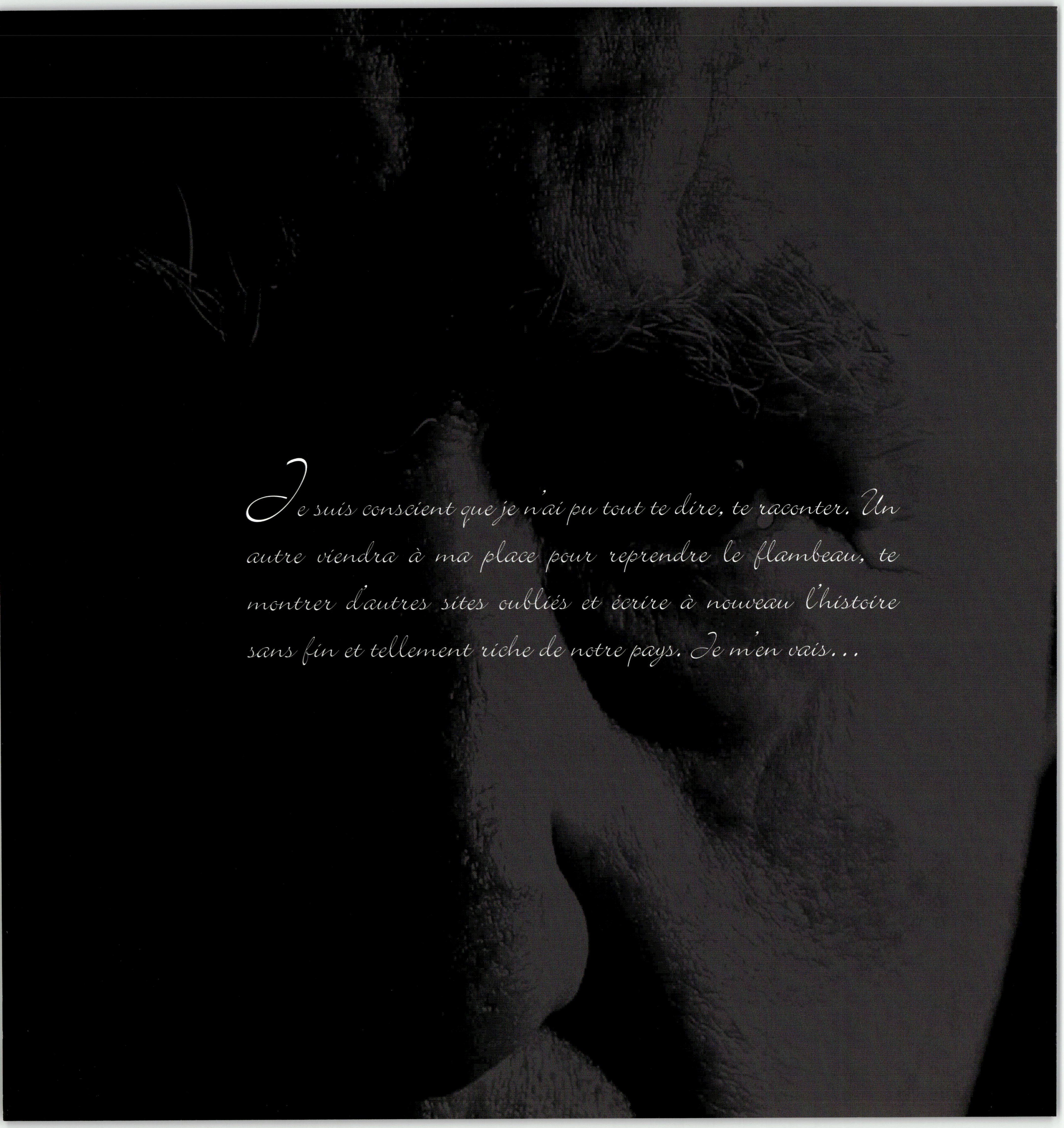

Je suis conscient que je n'ai pu tout te dire, te raconter. Un autre viendra à ma place pour reprendre le flambeau, te montrer d'autres sites oubliés et écrire à nouveau l'histoire sans fin et tellement riche de notre pays. Je m'en vais...

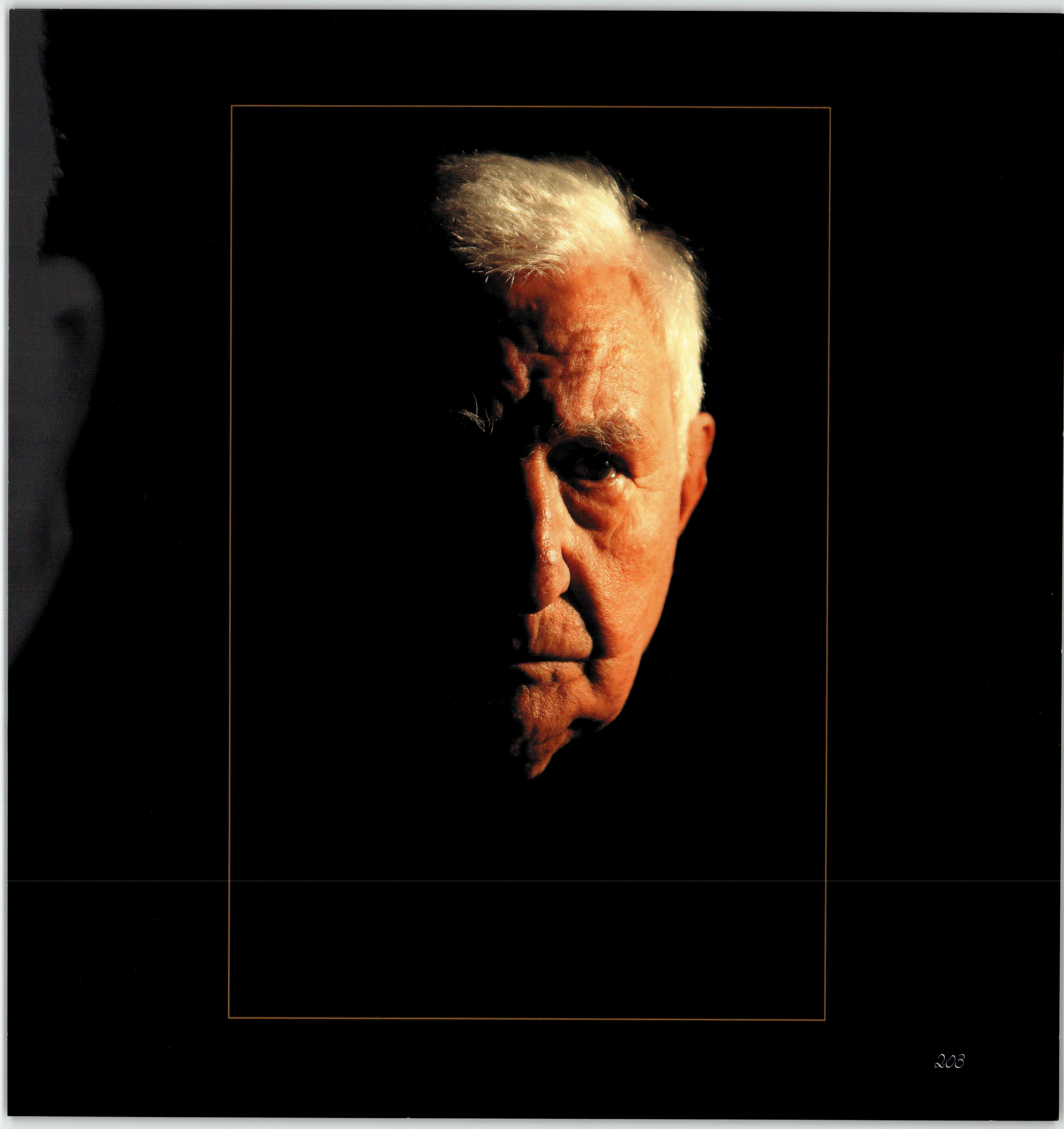

Dédicace

Pour mon fils, Florent…

Remerciements

Je voudrais remercier ma famille, Adolfo Cambuli, Alban Cugorno, Bernard Biancarelli, Bruno et Joaquin Mayor, Cyril Froment, David Laffilez, Dédé Nobili, Eric Bartoli, Eric Decherchi, François Colombani, Guy Firroloni, Jean-Paul Ercoli, Jean-Philippe Poli, Louis Vignaroli, Manu Maurizi, Marco Constant, Nathalie Fugier, Philippe Martinez, Pierre-Paul Lepidi, Pierre et Carine Taisne, Rebecca Ferrali, René Biancarelli, Sebastian Belmonte, Stacy Wagner-Hansen, Steven Bacconais, Tony Valéry, Charles Bartoli, tous les collaborateurs du projet Scrittori et tous ceux que j'ai oublié.

Maquette
Jérôme Jouve

Photo de Jérôme Jouve en couverture
réalisée par Jean-Philippe Poli

jad PRODUCTIONS
Montée du Padulone
20290 Borgo

MEDIACOMM interactive
Tel : 04.95.55.50.00
Imm le Cézanne rue Marcelle Paul
20200 Bastia
Pro @ mediacomm-interactive.com

JOUVE PHOTO
Tel : 06.19.69.33.46
www.jouvephoto.com

ISBN
2-952-22960-0
Achevé d'imprimer en juillet 2004
sur les presses de Louis Jean imprimeur
05000 Gap

DÉPÔT LÉGAL
375 juillet 2004